Todos los libros de Linkgua Ediciones cuentan con modelos de Inteligencia Artificial entrenados por hispanistas. Pregúntale al chat de tu libro lo que desees acerca de la obra o su autor/a.

Para ebooks: Accede a nuestro modelo de IA a través de este enlace.

Para libros impresos: Escanea el código QR de la portada con tu dispositivo móvil.

Obtén análisis detallados de nuestros libros, resúmenes, respuestas a tus preguntas y accede a nuestras ediciones críticas generativas para una experiencia de lectura más enriquecedora.
La transparencia y el respeto hacia la autoría de las fuentes utilizadas son distintivos básicos de nuestro proyecto. Por ello, las respuestas ofrecen, mediante un sistema de citas, las fuentes con las que han sido elaboradas.

Francisco de Rojas Zorrilla

Primero es la honra que el gusto

Barcelona 2024
Linkgua-ediciones.com

Créditos

Título original: Primero es la honra que el gusto.

© 2024, Red ediciones S.L.

e-mail: info@linkgua.com

Diseño de cubierta: Michel Mallard.

ISBN rústica ilustrada: 978-84-9953-786-3.
ISBN tapa dura: 978-84-1126-076-3.
ISBN ebook: 978-84-9897-780-6.

Sumario

Brevísima presentación

La vida

Francisco de Rojas Zorrilla (Toledo, 1607-Madrid, 1648). España.

Hijo de un militar toledano de origen judío, nació el 4 de octubre de 1607. Estudió en Salamanca y luego se trasladó a Madrid, donde vivió el resto de su vida. Fue uno de los poetas más encumbrados de la corte de Felipe IV. Y en 1645 obtuvo, por intervención del rey, el hábito de Santiago.

Empezó a escribir en 1632, junto a Pérez Montalbán y Calderón de la Barca, la tragedia El monstruo de la fortuna. Más tarde colaboró también con Vélez de Guevara, Mira de Amescua y otros autores.

Felipe IV protegió a Rojas y pronto las comedias de éste fueron a palacio; su sátira contra sus colegas fue tan dura al parecer que alguno de los ofendidos o algún matón a sueldo le dio varias cuchilladas que casi lo matan. En 1640, y para el estreno de un nuevo teatro construido con todo lujo, compuso por encargo la comedia *Los bandos de Verona*. El monarca, satisfecho con el dramaturgo, se empeñó en concederle el hábito de Santiago: las primeras informaciones no probaron ni su hidalguía ni su limpieza de sangre, antes bien, la empañaron; pero una segunda investigación que tuvo por escribano a Quevedo, mereció el placer y fue confirmado en el hábito (1643). En 1644, desolado el monarca por la muerte de su esposa Isabel de Borbón y poco más tarde por la de su hijo, ordenó clausurar los teatros, que no se abrirían ya en vida de Rojas Zorrilla, muerto en Madrid el 23 de enero de 1648.

Personajes

Leonor
Doña Ana
Flora, criada
Don Félix
Don Juan
Don Rodrigo, viejo
Pepino
Música

Jornada primera

(Salen don Juan por una parte, y Flora por otra.)

Don Juan	El suceso del papel vengo a saber, bella Flora.
Flora	Ya se le di a mi Señora, y aunque fulminó cruel un destrozo riguroso en sus amorosas penas (mas muriendo entre azucenas no pudo morir quejoso), en sus ojos advertía, notando su indignación, que, allá dentro el corazón otros afectos sentía; y al primer lance, no es el desprecio muy severo, que al fin le leyó primero, aunque le rompió después.
Don Juan	Pues, Flora, si le leyó, no fue el romperle desdén.
Flora	Y el modo del ser también mal desmentido mostró que la airada tempestad de aquel desagrado ingrato, fue más ley de su recato que enojo de su crueldad.

Don Juan	¿Qué esa cauta fullería
	brujuleaste en su semblante?
	Trueque ya en frutos de amante
	su flor la esperanza mía.
	Tal la dicha viene a ser
	que llego indigno a lograr,
	que me obligas a ignorar
	los modos de agradecer.
	Este diamante ya veo,
	Flora, que es inferior paga:
	no la deuda satisfaga,
	acredite mi deseo.
Flora	Mil años, sin que a tu amor
	se atreva esquivo desdén
	amante Matusalén
	goces, don Juan, de Leonor.
(Aparte.)	(Buenos mis enredos van;
	la trampa ha sido cruel:
	ni a Leonor di tal papel
	ni conoce a tal don Juan;
	toda alcahueta se ajuste
	a imitar mi proceder,
	que a un galán se ha de vender
	a diamante cada embuste.)
Don Juan	¿Que al fin dices, Flora mía,
	perdóname lo cansado,
	que mostraba algún cuidado
	cuando mi papel leía?

Flora	Digo que atenta la vi
	decir, cuando le leyó,
	con un gustillo, que no;
	mas con los ojos, que sí.

Don Juan	Ay Leonor: hoy de tu gracia
	los halagos gozaré;
	siempre este lance juzgué
	por el de más eficacia.
(Aparte.)	(Quien las criadas granjea,
	consigue un medio importante.)

Flora (Aparte.)	¡Qué fácilmente un amante
	cree las nuevas que desea!

Don Juan	De tu diligencia fío,
	la dicha de mi esperanza.

Flora	Buena será la fianza,
	remite al cuidado mío.
	Pero aguarda: mi Señora
	y su padre, don Rodrigo,
	viene, no te hallen conmigo;
	Vete, don Juan.

Don Juan	Adiós, Flora.

Flora	Presto, que salen.

Don Juan	No olvides
	mi amor, que hoy he de fundar...

(Vase.)

Flora	Seguro puedes estar...
(Aparte.)	(De que no haré lo que pides.)

(Salen Leonor y don Rodrigo.)

Rodrigo   ¡Notable es tu condición!

Leonor   No la culpes hasta oírme.

Rodrigo   ¿Qué razón puedes decirme,
que abone esta sinrazón?
¿Todos, di, no culparán
por error inadvertido,
que no admitas un marido
que es noble, rico y galán?

Leonor   No es replicar proponer
aquello a que no me ajusto;
sigue tú después tu gusto,
pero oye mi parecer.
Tan obediente a tu arbitrio
me he de sujetar, que quiero
que sea tuya la elección
y mío el consentimiento;
pero permite; negado
a apasionado efectos,
a la razón el oído,
y a la prudencia el acuerdo:
don Juan Osorio es galán,
noble y rico, pero es necio;

mide, Pues, esos esmaltes
solo con este defecto,
y yo sé que en mi favor
sentenciará tu consejo;
pues bien puedo asegurar
que si procedes atento
a la obligación de padre,
no has de consentir severo,
por hacerme rica, hacerme
desdichada, siendo menos
grave pensión la de pobre:
aunque yo, Señor, entiendo
que es rico el pobre que vive
con su fortuna contento.

Rodrigo   Muy bachillera estás, hija;
templa ese estilo, advirtiendo
que en el verdor de tus años
pierden fuerza los consejos.
Si es necio don Juan, es rico,
Leonor, y en aqueste tiempo,
quien puede más, vale más,
porque los merecimientos
fallecen desanimados
si del oro a los reflejos
no se esfuerzan; el que es pobre,
no puede ser noble, puesto
que no lo puede ostentar,
que es lo mismo que no serlo.
Pues serio para sí solo
es rigor más que consuelo,
porque viene a ser forzarse

a obrar siempre con respetos
se quien es, y no poder
elegir indignos medios
para vivir, con que tiene
de noble (¡grave tormento!)
Solo las obligaciones
y no, Leonor, los provechos.

Leonor

Y si yo, padre, probase
que el que no fuere discreto
no será rico, ¿sintieras
otra opinión?

Rodrigo

           Eso es bueno;
por reírme de tu error
permitiré el argumento.

Leonor

El ser rico no consiste
en tener dicha o acierto
para adquirir; solo estriba
en tener buen regimiento
para saber conservar
lo adquirido; claro es esto.
Porque ¿qué importa que abunde
yo en venturosos aumentos
si en pródigos desperdicios
los consumo y desvanezco?
El saber, pues, conservar
es acto feliz de un pecho
que a la luz de la razón
regula su entendimiento,
de éste se halla destituido

el que es ignorante, luego
carecerá de cordura,
pues si le falta lo cuerdo
vivirá mal ordenado,
siendo consecuencia de esto
que todo lo que adquiriere
disipará; de que infiero
que nunca podrá ser rico
el que no fuere discreto.

Rodrigo (Aparte.)   (¡Qué entendida está Leonor!
Que me ha vencido confieso.
¡Qué bien la crió su madre!
Fue de cordura un portento.)
Mejor sabré yo elegir
lo que te importa, pues debo
dos veces asegurarme
facilitando el acierto:
la primera por lo padre,
la segunda, por lo viejo.

(Aparte.)   (Don Félix de Acuña es grande
amigo mío: yo quiero,
pues lo es también de don Juan,
que me ayude en este intento.)
Adiós, mi Leonor, que voy,
a procurarte este empleo.

(Vase.)

Leonor   Tuya es mi voluntad: airada suerte;
mejor dijeras a trazar mi muerte,
a eternizar violencias a mi gusto,

a sujetarme al cautiverio injusto
de quien por necios modos
guerra ha de ser e mis sentidos todos.
¡Ay amor! ¡ay don Félix! si del alma
has conseguido merecida palma,
y si eres tú el que ahora más me anima,
rígela de manera que redima
lo fiero de este golpe ejecutivo;
no he de vivir sin ti, pues por ti vivo.

Flora   Señora, injustamente formas quejas
de tu padre, pues tú guiarte dejas
de lo que a su interés es conveniencia;
y en estos lances, aunque tu obediencia
se revele...

Leonor   Detente,
no pases adelante neciamente
y, pues lo ignoras, es razón que entiendas
que las mujeres, Flora, de mis prendas,
en este caso y en cualquier intento,
nunca se han de oponer al sentimiento
de su padre, que cuerdo y vigilante
sabrá elegir en todo lo importante;
solo por reducirle y ablandarle
persuadirle podré, no replicarle;
porque, o lo apoye el gusto, o lo repruebe
obedecer con sujeción se debe.

Flora   Ese portarse, yo no le recuso;
pero siento que no es vivir al uso,
que en la presente edad son en sus bodas

fiscales, jueces, y aun agentes todas.

Leonor   Ven, Flora; y si me deja mi fatiga
                escribiré un papel en que le diga
                a don Félix la pena con que lucho.

Flora   El llevar malas nuevas siento mucho;
                mas distingo el porqué, de virtud lleno,
                mas por mi mal, que no por el ajeno,
                que en tales ocasiones
                los amantes están muy preguntones,
                muy hazañeros, muy desaforados,
                y solo en dar el porte reportados.

(Vanse.)

(Sale don Félix, solo, con una carta.)

Don Félix   Esta es carta de Violante,
                a quien galán festejé
                en Sevilla, y siempre hallé
                en lo severa constante.
                Si mi ausencia ha despertado
                ardores en su tibieza,
                perdone, que otra belleza
                es dueño de mi cuidado.
                Y aunque en ella su beldad
                presuma ser maravilla
                siendo dama de Sevilla,
                será dama de ciudad.
                Y el garbo, el aire, el primor
                de las bellas cortesanas

harán titubear las canas
del más recto senador.
Si para pintallas tomo
la pluma, solo diré
que tienen un no sé qué,
con que matan no sé cómo.

(Abrela.)   Quiero, pues, leerla, aunque no
consiga fineza mía:
bien poca prisa tenia,
pues todo el pliego escribió.
¡Qué prolija impertinencia!
Más parece, y lo sospecho,
información en derecho
que carta ¡Lo que una ausencia
descubre en una mujer!
Vive Dios, que he de romperla.
Porque ¿cómo para leerla
ánimo podré tener?

(Rómpela en dos partes, y sale Flora con un papel al paño.)

Flora   Solo don Félix está
y ahora un papel rompió.
Lo poco que he visto, no
buenas sospechas me da.
Lo que aquí me toca es,
a fuer de buena criada,
suspender esta embajada,
oír, y parlar después.

Don Félix   Solo a ti bella deidad,
con decente adoración

se humilla mi corazón,
se postra mi libertad:
blasone con vanidad
mi amor, de que ha merecido
la vitoria de rendido
a tanto hermoso primor,
que siendo tú el vencedor
puede triunfar el vencido.

Flora (Aparte.)   (No determina sujeto
el tal don Félix, y así
la curiosidad en mí
no conseguirá su efeto,
si coger pudiese ahora
aquel papel que rompió,
¡qué dichosa fuera yo
si le viera mi Señora!
Pardiez, que emprenderlo puedo,
pues él está divertido;
bájome sin hacer ruido,
y alargo la mano; un dedo
me falta para llegar,
pues extender bien el brazo;
ya está en casa el un pedazo,
el otro se ha de pescar
con el mismo tiempo pues.)

Don Félix   Quiero sin que me levante...
¡Válgate Dios por Violante!

(Túrbase Flora, y encoge el brazo.)

Flora (Aparte.) (Malo es esto: cierto es
         Mi recelo; pero yo
         prosigo, bien me prevengo,
         ya entrambas mitades tengo,
         lindamente sucedió.
         La que es alcahueta fiel
         a hacer todo esto se obliga;
         señores, nadie le diga
         que yo lo cogí el papel.)

(Vase.)

Don Félix   Razón es reconocer
         que fue indecente el desmán,
         poco uso de lo galán
         siendo el papel de mujer.
         No enmendar la grosería
         pasará de necedad,
         Obre la curiosidad
         si no la galantería.
         En mí quiero leerle, aunque
         ofendido el gusto puede.

(Sale a buscar, y túrbase.)

         ¿Qué es esto que me sucede?
         ¿Pues aquí no le arrojé
         en dos partes dividido?
         ¿Cómo lo puedo dudar?
         A nadie he sentido entrar,
         yo he de perder el sentido.

(Busca el papel volviendo d una parte y a otra, y sale Pepino, gra-
cioso.)

Pepino   ¿Qué anda buscando mi amo?
                Su juicio debe de ser;
                temo que den en Toledo
                estos amores con él.
                Señor.

Don Félix   Pepino.

Pepino   ¿Qué tienes?
                ¿Qué es esto? sosiégate.
                ¿Estás pensando en arbitrios,
                o versificas? pues bien;
                ¿No me respondes?

Don Félix   Si es tuya
                la burla, declararé
                que estás cansado.

Pepino   No estoy,
                que no he hecho ejercicio.

Don Félix   Ya es
                tu desatino insufrible,
                dame la carta.

Pepino   ¿La qué...

Don Félix   la carta que ahora rompí.

Pepino   La carta, ya la llevé
                          a la estafeta.

Don Félix   Villano,
                          Vive el ello, que he de hacer...

Pepino   Como no me hagas cartero,
                          haz cuanto quisieres (él
                          está loco); no te espantes
                          de que no te entiendo, pues
                          de suerte te vengo a hallar
                          de oscuro y cerrado, que
                          he menester comentarte
                          para haberte de entender.

Don Félix   Pepino, no en todos tiempos
                          tan desatinado estés.

Pepino   Mil corchetes lleven mi alma,
                          que en el reino de Luzbel
                          son sota diablos, si tal
                          carta he visto, ni veré.

Don Félix   No apures más mi impaciencia.

Pepino   Yo soy muy hombre de bien;
                          y en materia de tomar,
                          es mi conciencia tan fiel,
                          que ni vivo en la provincia
                          ni he sido sastre montés.

Don Félix   Tres dios ha, Leonor bella,

que no he visto amanecer
de tu beldad soberana
la purpúrea candidez.
Hubiera muerto de ausente
a no animarme la fe,
que impresa en mi pecho vive
sin remedios del pincel.
Voy a ver si de tus ojos
luces puedo merecer,
y si no de tus paredes
lo exterior adoraré.

(Vase.)

Pepino   Juro a Cristo, hablando en veras,
                      que aqueste es un caso en que
                      todo mi juicio, aunque es poco,
                      emplear he menester.

(Sale doña Ana, alborotada, con manto.)

Doña Ana   Hidalgo, por vuestra vida,
                      que a una mujer amparéis,
                      que del sagrado se vale
                      desta casa por vencer
                      un peligro en que su honor
                      tormenta puede correr.
                      Siguiéndome un hombre viene,
                      y importa ocultarme dél;
                      y aun si aquí me ha visto entrar
                      segura dél no estaré.
                      Para pasar a esta sala,

licencia me dad cortés,
hasta que del grave empeño
deste riesgo libre esté.

(Entrase por una de las dos puertas que ha de haber a los dos la-
dos.)

Pepino   Tarabilla, fondo en ceño,
                si vos lo decís y hacéis
                desta manera, excusado
                el pedir licencia fue.
                ¿Cosa que entrase el tal hombre,
                que muy contingente es,
                a reñir conmigo el caso,
                por qué me he metido a ser
                don Pepino de Niquea,
                pues defiendo a esta mujer?
                Por asegurar mi miedo
                a cerrar la puerta iré;
                pero con Leonor, mi amo
                vuelve aquí (¡lance cruel!),
                ella vendría hacia casa
                cuando iba a buscarla él.
                Con esta mujer cerrada,
                ¿Qué haré? si Leonor la ve,
                habrá cruel carambola,
                y sobre mí ha de llover
                la peor parte; ellos llegan,
                terrible el aprieto es.
                Solo este remedio alcanzo,
                no sé si le lograré.
(Llega a la puerta.) Oyes, torbellino, trueno,

rayo, demonio o mujer,
que todo es uno, no salgas
deste aposento basta que
te avise; desta manera
excusar quizá podré
que Leonor la vea, y luego
con Bercebú la echaré.

(Salen don Félix, Leonor y Flora, con mantos.)

Don Félix   Hermosísima Leonor,
                     ¿Cómo haces cielo esta casa?
                     Templa empeños, que ya pasa
                     a ser exceso el favor;
                     no pródigo el resplandor
                     que en tu beldad se atesora,
                     tanto madrugue, Señora,
                     nuncio sea un arrebol,
                     que para que nazca el Sol
                     sale primero la aurora.
                     Este franco amanecer,
                     de hermosa es desconfiar
                     pues no, no para matar
                     toda tú te has menester;
                     el jazmín o el rosicler
                     vence en tus mejillas bellas,
                     sin que fulmines centellas
                     de esos rayos superiores,
                     que si matas con las llores,
                     ¿Para qué son las estrellas?

Leonor   Quien os oyere tan tiernas

demostraciones de amante,
tan cariciosos afectos
de un alma que humilde yace
juzgará que vuestro amor
solo aspira a eternizarse
constantemente en lo fino,
finamente en lo constante;
pues yo que debo noticias
de una verdad a un examen
curioso, más advertida
en la fe, sabré portarme.

Pepino (Aparte.)   (Mientras se dicen los dos
veinte y cuatro disparates,
que fueran cuarenta y nueve
si cupiera el asonante,
nos podemos ir nosotros
allí dentro a hacer aparte
nuestros papeles, Florilla.)

Flora (Aparte.)   (¿No ve que es un ignorante
Ero? vuesarced, mi Rey,
o mi Roque, ¿pues no sabe
que un pepino y una flor
nunca traban maridaje?)

Pepino   Anda, que eres una necia;
no en flores el tiempo gastes,
que aunque el Papa no dispense,
podrán en aqueste lance
el pepino enflorecerse
y la flor empepinarse.

(Vanse Pepino y Flora.)

Don Félix	¡Que lo firme de mi afecto con falsas dudas agravies, cuando a premiarle era justo que franca te adelantases! Desvanece esas sospechas, no tu crédito embaracen, y debate la razón el estar más de su parte. Porque tan ciego te adoro, que idólatra de tu imagen la imprimo en el corazón con tan rebelde carácter, que no han de alcanzar en ella jurisdicción las edades.
Leonor	Señor don Félix, templad hipérboles, que es muy tarde para prevenir remedios a tan peligroso achaque. Yo he sabido ya que sois tan abonado tratante en empleos amorosos, que porque jamás no falte correspondencia tenéis (resguardo importante y fácil) en Madrid una Leonor, y en Sevilla una Violante.
Don Félix	Si a tal Violante conozco,

plegue al cielo que no alcance
de tu beldad, Leonor mía...

Leonor

No, no paséis adelante,
Mirad bien lo que decís,
porque han llegado a informarme
del empeño que tenéis
con esta dama, tan grande
indicios, mejor dijera,
tan evidentes verdades,
que aun no concibo una duda
que mi crédito desmaye.

Don Félix

Que esa mujer no conozco,
Leonor, te aseguro; y antes
de culpar mi amor, debieras
con más acierto informarte.

Leonor

¿Ni esa carta conocéis?

Don Félix (Aparte.) (Por Dios que es la de Violante;
¿Cómo ha podido llegar
a sus manos? ¡Fuerte lance!)

Leonor

¿Decid ahora que crea
vuestras finezas, que pague
vuestro amor, y que en el pecho
impresa adoráis mi imagen...

Don Félix

Ahora, pues, más rendido
puedo a tus ojos postrarme,
y tú más benigna ahora

debes franquearme hospedaje;
y en tu piedad, porque juzgo
que es más razón declararte
obligada que ofendida,
apura, pues, vigilante
este delito; ¿tú fundas
la queja en que averiguaste
en esa carta tus celos?
Justo es también que repare
en que a tus manos llegó
quejosa de aquese ultraje
que fulminó mi rigor;
luego puedo asegurarte
que pues la rompí severo
no la correspondo amante.

Leonor   Qué fácilmente, don Félix...

(Salen Pepino y Flora.)

Flora   ¿Señora?

Pepino   ¿Señor?

Flora   Tu padre.

Pepino   Sube ya por la escalera.

Leonor   ¡Ay de mí! si acaso sabe...

Don Félix   No te detengas, Leonor;
en esta sala al instante

te oculta; abre aquí, Pepino.

Pepino

Se me ha perdido la llave
desta puerta (esto era bueno);
por Jesucristo, más fácil
será entrar en esta pieza.

Don Félix

Abre cualquiera.

Leonor

                              ¡Qué grave
Susto padezco!

Don Félix

                              Conmigo,
ningún riesgo te acobarde.

(Escóndese Leonor.)
(Sale don Rodrigo.) ¿Señor don Rodrigo?

Don Rodrigo

                              El cielo,
señor don Félix, os guarde.

Don Félix

¿En qué os sirvo? ¿Qué ocasión
a honrar esta casa os trae?

Don Rodrigo

Hablaros quisiera a solas.

Don Félix

Pon aquí sillas, y salte
allá fuera.

Pepino (Aparte.)

                              (Ya obedezco;
cuidado me da bien grande
esta tapada, yo temo
algún suceso de Marte.)

(Vase.)

Leonor   Aún no sosiego...

Doña Ana (Aparte.)   (De suerte
                          se van enlazando lances,
                          que pienso que aquí escondida
                          hasta la noche he de estarme.)

Don Rodrigo   Las hijas, don Félix, son
                          en la obligación de un padre,
                          que debe correspondencias
                          nobles a su heroica sangre
                          el cuidado que más rinde
                          la opresión que más combate.
                          Ciegas en su juventud,
                          no saben aconsejarse
                          con la prudencia, y como es
                          su naturaleza frágil,
                          en el piélago de afectos,
                          y ocasiones naufragantes,
                          peligran; ¡oh! tema cuerdo
                          el piloto destas naves:
                          desvélese providente,
                          prevéngase vigilante,
                          que tiene para esperar
                          poco feliz su pasaje,
                          mucho que las aventure
                          y nada que las resguarde.

Don Félix (Aparte.) (No me contenta el proemio;

pero cuerdo he de portarme.)

Don Rodrigo   Señor don Félix de Acuña:
                       la amistad que vuestro padre
                       y yo estrechamos sirviendo
                       en los Estados de Flandes,
                       os ha de obligar ahora
                       a no ocultarme verdades,
                       que es preciso averiguar
                       en un negocio importante.
                       Vos sabéis mucho de historias,
                       y de todos los linajes
                       de España.

Don Félix   Confesar puedo
                       que he negado a ociosidades
                       el tiempo, y que a aqueste estudio
                       mi inclinación me persuade,
                       que ya, señor don Rodrigo,
                       se ha hecho más venerable
                       con profesarle, advertido,
                       el más bizarro, el más grande
                       sacro monarca del mundo.

Don Rodrigo   Decidme, pues, si la sangre
                       de don Juan Osorio puede
                       sin escrúpulo mezclarse
                       con quien le pretende hacer
                       su yerno.

Don Félix (Aparte.)   (¡Qué pena! ¡al fácil
                       impulso de aquesta voz

muerta mi esperanza yace!)

Leonor (Aparte.)   (¡Que en violentar mi albedrío
se empeñe tanto mi padre!)

Doña Ana (Aparte.) (¡Qué escucho! ¡fuerte rigor!
¿Don Juan de Osorio casarse
con otra, cuando en mi pecho
logra amorosas piedades?)

Don Félix (Aparte.) (Aunque me cueste la vida
ha de ser tuerza aprobarle.)
Todas las prendas que pueden
hacer envidiado y grande
a un caballero, concurren
con bien gloriosos esmaltes
en don Juan; estad seguro
que en lo ilustre de la sangre
de mal ya formadas dudas
ni aun el peligro no cabe.

Don Rodrigo   Buenas nuevas me habéis dado;
decidme, así Dios os guarde,
¿no estará Leonor gustosa?
¿Mil gracias no podrá darme
por tal dueño?

Don Félix   Señor, eso
las historias no lo saben;
consultadlo con su gusto.
(Aparte.)   (¡Qué este pesar no me mate!)

Don Rodrigo		Mi gusto es el suyo; voy
			a concluirlo al instante.
			¿Qué hacéis, don Félix?

Don Félix				Salir
			a acompañaros.

Don Rodrigo				En balde
			intentaréis tal suceso;
			mirad que...

Don Félix			No he de quedarme.

(Vanse.)

(Sale doña Ana, tapada.)

Doña Ana		Yo me resuelvo a salir,
			que esta es buena ocasión, antes
			que otros estorbos lo impidan,
			que tiempo ha habido bastante
			para que mi hermano, que es
			a quien encontré en la calle
			y de quien huyendo entré
			en esta casa a ocultarme
			porque no me conociera,
			haya pasado adelante;
			es mi hermano muy marido.

Leonor			¿Qué paciencia habrá que baste
			a sufrir lo que estoy viendo?
			Vive el cielo ¡pena grave!

Que en aquella sala oculta...
no puedo hablar... el coraje,
la voz me ahoga en el pecho.

Doña Ana   ¡Ay, don Juan! no has de casarte,
aunque me cueste la vida.

(Va a salir doña Ana, y entra don Félix y piensa que es Leonor.)

Don Félix (Aparte.) (Logre la suerte crueldades,
en quien...) ¡Señora, mi bien!

Leonor   ¡Qué esto escuche!

Don Félix   No recates
estas estrellas que al Sol...
aguarda, espera, no pases.

(Entrase doña Ana; don Félix quiere ir siguiéndola y al entrarse
detiene Leonor muy enojada.)

Leonor   ¡Que a una mujer de mis prendas
esto le suceda! Antes
será bien que os agradezca
esta fineza.

Don Félix   ¡Notable
caso! ¿Es verdad o ilusión
lo que veo?¿Por qué parte
pudo ser?

Leonor   Señor don Félix,

no es hazaña, no es galante
trofeo engañar así
a mujeres principales.

Don Félix   ¿Cómo engañar, Leonor mía?
Vive el cielo, que constante...

Leonor   Vive el cielo, que es acción
infame el no embarazarse
de tan vil correspondencia,
que a mis ojos... Pero calle.

Don Félix   Señora Leonor, advierto
que injustamente...

Leonor   Dejadme,
no encendáis más este fuego
Que con saña penetrante
abrasa mi corazón;
pues yo, yo sabré vengarme;
y ya que excusar ño pueda
de mi flaqueza el desaire,
sabré enmendarle de suerte
que os asombren, que os espanten,
de una mujer ofendida
soberbias temeridades.

Don Félix   ¡Que esto me suceda, cielos!
¿Qué mujer pudo ocultarse?
¿Cuándo? ¿Cómo? Estoy sin juicio.

Leonor   Pues no le perdáis, cobradle,

que no importa que esté oculta
en vuestra casa Violante,
que no es mal huésped don Félix.

Don Félix   ¿Qué, la verdad no me vale
en esta ocasión, Leonor?
Plegue al cielo que me abrasen
de un rayo el voraz incendio,
que escandalizando el aire
del pardo horror de una nube
pavoroso aborto baje...

Leonor   Vaya, proseguid, que ya
lo fingido con lindo aire.

Don Félix   Plegue al cielo que una fiera
sañuda me despedace,
o que sea de mi vida
feroz alimento un áspid.

Leonor   ¿Maldiciones? otra culpa;
vulgarísimo desaire.

Don Félix   Sino te venero humilde,
si no te adoro constante,
si conozco a esa mujer,
pues aunque has visto que sale
ahora de ese aposento,
por Dios, que he estado ignorante
de que se ocultaba en él;
y lo que pudo obligarme
a seguirla fue pensar...

Leonor   ¿Que era yo? Disculpa fácil,
                        cierto que os debo infinito,
                        don Félix.

Don Félix   Si no es bastante
                        aquesta satisfacción,
                        mi bien, para asegurarte,
                        forma, despide, fulmina,
                        severa, airada, implacable,
                        rigores, iras y enojos;
                        que humilde, rendido, amante,
                        perseveraré sufriendo,
                        que tuyo he de eternizarme,
                        sino a pesar de fatigas,
                        firme a pesar de pesares.

Leonor   ¿De qué ha servido cansaros
                        en ese amoroso alarde,
                        si mucho menos ahora
                        os he creído que antes?

Don Félix   Eso es matarme, Leonor.

Leonor   Eso es, don Félix, vengarme.

Don Félix   ¡Que no creas mis finezas!

Leonor   ¡Que no pagues mis verdades!

Don Félix   Yo te adoro.

Leonor   Tú me ofendes.

Don Félix   Firme soy.

Leonor   Eres mudable.

Don Félix   Mira bien...

Leonor   Son evidencias.

Don Félix   Oye disculpas.

Leonor   Es tarde.

Don Félix   No tan airada a mis ruegos...

Leonor   En vano me persuades.

Don Félix   Pues en rigor tan crecido...

Leonor   Pues en tormento tan grave...

Don Félix   ¡Valedme, cielos, valedme!

Leonor   ¡Vengadme, cielos, vengadme!

Fin de la primera jornada

Jornada segunda

(Salen don Juan, y doña Ana con manto.)

Don Juan	Doña Ana hermosa, dulce prenda mía,
	que has madrugado a duplicar el día,
	siendo entre más lucidos arreboles,
	cada lucero tuyo muchos soles;
	siendo, negada a frágiles desmayos,
	cada mejilla tuya muchos Mayos;
	pues heredan en vida a tus primores,
	luz las estrellas y verdor las flores;
	débate confianza más segura
	un alma, que al poder de tu hermosura,
	rinde la libertad más presumida
	que de poder triunfar de ser vencida;
	Tú serás sola, ¡oh adorado dueño!
	Debida recompensa a tanto empeño,
	de mi amor, de mi fe, de mi cuidado,
	el empleo, el objeto y el sagrado.
(Aparte.)	(Finjo, por lo que debo a su decoro,
	que a esta aborrezco y a Leonor adoro.)
Doña Ana	(Asegurada quedo, aunque celosa;
	vine, pues miro en él tan afectuosa,
	y tan firme su fe con mi esperanza
	no será bien mostrar desconfianza);
	justo es que se asegure mi advertencia
	de que no has de negar corresponden
	a un afecto tan ciego,
	que fue posible a tu amoroso fuego,

y que fue tan profundo mi recato
por ser contigo fiel, conmigo ingrato;
tan poderosa obligación no no creo,
que la ha de atropellar otro deseo,
que ni en tu sangre presumir se debe
de vulgar proceder, acción aleve,
ni cuando inadvertido y desatento
se osara revelar tu atrevimiento
contra... Pero enmudezca el necio labio
que ni aun temido he de sufrir mi agravio

Don Juan   Yo, mi bien, te venero tan constante,
tan ciegamente amante,
que de mi activa llama o la porfía
pasa de amor y llega a la idolatría
Pues...

Doña Ana   Ya en una fe que llega a extremos
retóricos apoyos afectemos,
que la que tanto en ambos se acredita
no de ponderaciones necesita,
y en lo muy bachiller, así lo siento,
la voluntad parece cumplimiento,
el amor ha de ser, para ser fino,
portugués envainado en vizcaíno.

Don Juan   Ya mudo tu belleza reverencio;
enmudezca la voz, hable el silencio.

Doña Ana   Muda, pues, a mi afecto haré más sabio
hablen los ojos y enmudezca el labio.

Don Juan (Aparte.) (Harto finjo, Leonor, por obligarte.)

Doña Ana (Aparte.) (Harto me animo, honor, por esforzarse
pues adiós, mi don Juan, que mi esperanza
va navegando en próspera bonanza.)

Don Juan   Más vida pertenece a mi ventura:
Clicie he de ser del Sol de mi hermosura.

Doña Ana   No has de ir conmigo, que si cuidadoso,
como anda celoso,
de mis pasos mi hermano fuere espía,
sola es mejor que me halle.

Don Juan   Ya del día
lloro el ocaso, pues tu ausencia lloro.

Doña Ana   Tu sangre, mi razón y mi decoro,
dan voces en tu pecho mudamente;
no te niegues, don Juan, a lo decente,
que mujeres airadas, no te asombre,
no son mujeres, sino más que hombres.

(Vase.)

Don Juan   Bien defiende su justicia;
pero está muy pertinaz
el juez; sobornole amor
con otra hermosa deidad.
Avasallase a su imperio;
y así, ciego en el obrar,
arde en esta llama tibio

Y en la otra llama inmortal.

(Sale Flora con un papel.)

Flora   Buenas nuevas, buenas nuevas.
                   ¡Albricias, señor don Juan!

Don Juan   Flora mía, flor hermosa
                   de aquel Mayo celestial,
                   rayo de aquel Sol divino
                   de quien puede mendigar
                   luz el que de aqueste globo
                   es antorcha universal,
                   ¿De qué dicha me aseguras
                   feliz vitoria? No ya
                   con suspensiones tu voz
                   dilate mis glorias más.

Flora   De mi ama, cuando menos,
                   os traigo un papel; catad
                   si vos fará buena pro
                   bocado que es dulce asaz.

Don Juan   ¿Papel de Leonor? Un mundo
                   para premiarte, será
                   corta recompensa.

Flora   Sabe
                   Su Divina Majestad,
                   don Juan, que fueron mis ruegos
                   tenazas, y en su crueldad
                   clavó el papel; forcejeamos,

yo tirar y el a cejar.
Emperreme, agarré bien,
y de un tirón, a pesar
de su fuerza, le arranqué
de su recato. Mirad
si con tal perro de ayuda
podrá vuestro amor pelear.

Don Juan

Toma esta cadena, sea,
no paga, sino señal
de mi afecto; y dame, Flora
ese tesoro, en que está
cifrada de mi deseo
la mayor felicidad.

Flora (Aparte.)

Admito el trueque. (Si medio
pliego de papel no más
paga así un amante, ¿a cómo
cada resma le saldrá?)

Don Juan

¡Con qué alborozo a esta dicha
todos mis sentidos van!

(Lee.)

«Para remedio de cierto disgusto en que
corre tormenta mi libertad, necesito de
hablaros esta noche en mi casa; suplicoos
que estéis en ella a tiempo en que por estar
fuera o recogido mi padre, pueda tener se-

guridad de que no os vea. El cielo os guarde.
Leonor.»

A un favor tan declarado,
¿Quién se halla tan incapaz
de merecerle? ¿Qué extremos
desempeñarle podrán?

Flora (Aparte.)   (¡Ay, mi don Juan de buen alma,
qué fácil sois de engañar!
¡Cómo después esa miel
se os ha de volver agraz!)

(Salen don Félix y Pepino.)

Don Félix   ¿Señor don Juan?

Don Juan   ¡Oh don Félix,
a qué buen tiempo llegáis!

Don Félix (Aparte.)   (¿Qué miro? ¡Valgame el cielo!
¿Flora en casa de don Juan?)

Flora (Aparte.)   (De verme aquí tendrá celos
don Félix; pero él sabrá
presto la verdad del caso.)

Don Juan   Ayudadme a celebrar
el triunfo más soberano
de la más bella deidad
a quien en su templo, amor
construye sagrado altar.

que Pues a los dos informa
la ley de una voluntad,
lo que fuere gusto mío
interés vuestro será.
aquella dama, de quien
os hablé tres días ha,
aunque en su rigor entonces
se mostró tan pertinaz,
sosegado el crespo orgullo
de su airada tempestad
en el puerto de su pecho
se abriga mi nave ya.
Aquesta criada ahora
un papel suyo me trae,
que de su amorosa llama
confirmadas muestras da.
Mirad si debo a esta dicha
festiva solemnidad,
cuando aunque indigna sus aras
la adoración llegará.

Pepino (Aparte.)   (No es nada lo que le ha dicho,
poco turbio es el don Juan.)

Don Félix (Aparte.) (¿A quién le habrá sucedido
caso cómo este jamás?
¡Pues no he muerto a la violencia
de tan sañudo pesar,
o aprendo para insensible
o estudio para inmortal.)

Don Juan   ¿Qué decís de mi ventura?

Don Félix   Digo, que es justo estimar
                             favor, que aun vuestro deseo
                             no pudo crecerle más.
(Aparte.)   (Sin alma estoy y estoy vivo,
                             ¡Oh! abráseme este volcán
                             de mis celos, como celos
                             de mis agravios, que ya
                             aun se ha negado a mi pena
                             el alivio de dudar.
                             ¡Que sufra a mis ojos esta
                             infamia!) Señor don Juan,
                             no es razón que malogréis
                             esta visita, que os da
                             nuevas de tanto favor
                             por mí; yo os quiero dejar,
                             que esta tarde os buscaré
                             desocupado.

Don Juan   Esperad.

Don Félix   Esa atención es primero.

Don Juan   Para todo habrá lugar.

Don Félix   No, no quiero embarazaros.

Don Juan   Vos nunca me embarazáis.

Don Félix   Rabiando voy a morir.

(Vase.)

Flora (Aparte.)   (Chispeando de celos va.)

Don Juan   Desazonado advertí
a don Félix, aunque más
se esforzaba, que una pena
siempre se desmiente mal;
iré siguiéndole, Flora,
de aqueste papel será
mi obediencia la respuesta;
y adiós, adiós, que alcanzar
a don Félix es forzoso.

(Vase.)

Flora   El cielo os guarde, don Juan.

Pepino   Taimada, proto alcahueta,
que sin duda es Satanás.
Tu catedrático en esta
doctrina de alcahuetear;
de las bolsas el ce ce,
de los chismes el cis zas,
cocinera de embelecos
que con su pimienta y sal
los guisas, cual digan beatas,
¿Cómo, di, sin más ni más
en el signo Capricornio
ha puesto a don Félix ya
esta tu ama? Di, ¿cómo
es con él tan liberal
de los tallos que se crían

en Medellín? Ven acá,
dame al punto cuenta desto,
que está mi curiosidad
a la muerte por saber
el caso.

Flora   Pues allá ya
porque no mal para; escuche,
señor mío: en Madrid no hay
dama ninguna que pueda
con solo un galán pasar,
porque son tan redomados
aun los más finos, que ya
cualesquiera dellos es
de su bolsa más galán
que de su dama; y así,
mi ama quiere imitar
el común estilo, haciendo
· como todas las demás;
que galanes y camisas
siete se han de remudar
cada semana.

Pepino   Setenta,
y falta nos pueden dar
las tales hembras. ¡Mal año!
¡Fuego, fuego de alquitrán
en sus mañas y en sus mozos
que un amén no faltará!
Pero dejando esto aparte,
¿Cuánto te ha dado don Juan
por el papel de Leonor?

Flora   Esta cadenilla; mas
                                               della vuesarced, mi Rey,
                                               Niquil ha de garrafar.

Pepino   ¡Oh buen Juan! oh Juan divino!
                                               ¡Oh Juan de Juanes, y tal
                                               que comparado contigo
                                               es Juanillo el preste Juan!
                                               De los Juanes he de ser
                                               tan abogado, que ya
                                               me muero por los juanetes
                                               porque comienzan con Juan.
                                               ¡Ay, Flora, lo que te quiero!

Flora   ¿Mucho?

Pepino   Mucho.

Flora   ¿Tanto?

Pepino   Y Más.

Flora   ¿Y sin la cadena?

Pepino   ¡Zape!

Flora   ¿Y con ella?

Pepino   Miz.

Flora   ¡Oh gran

tacaño!

Pepino	Tu aprendiz soy.

Flora	Pues amigo, no hay que hablar. Ojos que la vieron ir, no en Flora la verán más.

Pepino	Siguiéndote iré, aunque vayas al mismo infierno a parar.

(Vase.)

(Sale Leonor sola.)

Leonor	No he podido conseguir este triunfo, y así es justo, para libertar mi gusto otros medios elegir. Hablaré claro a don Juan, cortés será mi desprecio. ¡Oh, plegue a Dios que lo necio no le estrague lo galán! Mi padre en esta violencia está ciego, y no es casarme sino antes venderme, darme marido por conveniencia.

(Sale Flora.)

Flora	¿Señora?

| Leonor | ¡Ah mi Flora! |

| Flora | Ya
El papel se despachó. |

| Leonor | Y dime, ¿qué respondió? |

| Flora | Que su obediencia será
la respuesta. |

| Leonor | Bien lo hiciste. |

| Flora | No tan bien que no me viese
tu don Félix y tuviese
celos. |

| Leonor | ¿Pues dónde le viste? |

| Flora | A ver a don Juan entró
cuando yo estaba con él
hablando; al fin, que el papel
era tuyo no ignoró. |

| Leonor | Fácil será el sosegar
lo inquieto de sus desvelos,
pues de lo que tiene celos
antes le debe obligar. |

| Flora | Presto la satisfacción
de don Félix admitiste,
de cera a sus ruegos fuiste,
¡Qué blanda es tu condición! |

Leonor

¡Ay Flora! es tan vehemente
este afecto de mi amor,
que aun estudiando el rigor
no sé mostrarme impaciente.
En la mayor tempestad
de mis airados enojos,
dejar que mientan mis ojos
no quiere la voluntad.
En mi cualquiera aspereza
es ley de mi pundonor,
porque es bien mostrar valor
aun dentro de una flaqueza.

Flora

Notables sois los que amáis;
extraña es vuestra locura,
nunca estáis con más ternura
que cuando sin él estáis.
Pucheritos son de niños
vuestras iras en rigor,
que en diciendo bajo el amor,
paran en tiernos cariños.

Leonor

Tú solo de mi albedrío
el imperio vencerás,
tú solo eternizarás
dominio en el pecho mío
a ti solo avasallada
triunfos el alma previene.

Flora

Hele, hele por do viene
don Félix por la calzada.

Leonor

Pues ten tu cuidado, Flora,
de avisarme si don Juan
viene o mi padre.

Flora

                Serán
Linces mis ojos, Señora.

(Vase.)

(Sale don Félix.)

Leonor

¿Cómo, señor don Félix, desta suerte
en mi cuarto os entráis, cuando se advierte
riesgo tan evidente
en quien mi padre venga, y...

Don Félix

                        No consiente,
Aleve, ingrata, en el pesar que siento
ley la razón ni freno el sufrimiento.
Cocodrillo engañoso,
cauta sirena y áspid venenoso,
de cuyo ingrato pecho es lo halagüeño,
cauto disfraz de tu sañudo ceño.
¿Eres tú la que amante
ostentó presunciones de constante,
alegando finezas repetidas,
según las ponderabas bien sentidas?
¿Eres tú la que en llama siempre ardiente
de mi amor a las aras obediente
sacrificaste el alma,
quedando ufana de rendir tu palma?

¿Eres tú... Mas no eres,
cada instante sois otras las mujeres;
un papel... ¡qué rigor! ¡mortal me siento
a don Juan... ¡qué pesar! ¡grave tormento!
Le escribes? Donde bien mi fe pagaste
cuanto pudo desear le aseguraste,
en tormenta de agravios tan severa,
ya que de amante no, de honrado muera.

Leonor   Templa, don Félix, desaires
contra mi decoro; templa
de inadvertidos discursos
mal informadas sospechas.
Apura esas presunciones
antes que a mi honor te atrevas,
que si en tu crédito caben
no caben en mi decencia.

Don Félix   Solo esto me falta ahora
para que mi juicio pierda;
pues, ingrata ¡estoy sin mí!
¿No son evidencias ciertas
las que a mi sentido informan
desta injusta grave ofensa?

Leonor   Mira si de tus indicios
es la información siniestra
pues antes me debes gracias
de lo que concibes quejas.

Don Félix (Aparte.) (Ya se enmienda.) Leonor, muda
de proceder; no pretendas

cuando reprimo furores
desenfrenar impaciencias;
para incertidumbres guarda
satisfacciones, que es necia
la disculpa que se anima
a vista de una evidencia.

Leonor   Oye, pues, los desengaños
de tus celos, porque adviertas
que no es legítimo el juicio
que de apariencia se engendra.

(Sale Flora.)

Flora   Señora ¡gran mal! tu padre
en cuerpo y en alma llega
cerca de casa; ya el coche
se siente.

Leonor   ¡Terrible pena!

Flora   Mira que también don Juan
en la antecámara espera.
¿Qué he de hacer?

Leonor   ¡Fuerte rigor!
Flora, a mi cuarto le lleva.
(Vase Flora.)   Don Félix, bien ves el riesgo
en que estamos.

Don Félix   Pues ¿qué intentas?

Leonor   Que antes que llegue mi Padre
                           te vayas; esto te ruega
                           mi amor.

Don Félix   Pues adiós, ingrata,
                           para siempre.

Leonor   Cuando sepas
                           mi designio, estimarás
                           la verdad de mis firmezas.

(Vase Leonor por la una puerta va a salir don Félix por la otra, y
detiénese.)

Don Félix   Bueno es esto. ¡Vive Dios
                           que sube ya la escalera
                           don Rodrigo! No es posible
                           que salga si ¿que me vea.
                           ¿Qué haré, cielos? ¡Oh si acaso
                           en alguna sala de estas
                           puedo esconderme! ¡Qué dicha
                           ha sido el hallarla abierta!

(Escóndese don Félix.)

(Salen Leonor, don Juan y Flora.)

Don Juan   Dichoso he sido, Leonor,
                           en que esta ocasión se ofrezca.

Leonor (Aparte.)   (Mira si viene.)

Flora   Ya miro,
(Aparte.)   (Que en esto nada soy lerda.)

Leonor   Forzoso es, señor don Juan,
                               que os entréis en esta pieza
                               hasta que yo de mi padre
                               desembarazarme pueda.

Don Juan   Aquí, mi Leonor, te aguardo.

Leonor   Entra, pues.

Flora   Acaba, cierra
                               Presto, que llega tu padre.

(Escóndese don Juan.)

(Sale don Rodrigo.)

Don Rodrigo
(Aparte.)   (Presto, que tu padre llega,
                               dijo Flora. ¿Cómo, cómo,
                               Leonor, no se lo que crea,
                               recata ninguna acción
                               de mí? Cuerda mi advertencia
                               disimule.) ¡Oh Leonor mía!

Leonor (Aparte.)   ¿Pues cómo, Señor... (Oh quiera
                               el cielo que no me turbe!)

Flora (Aparte.)   Animo, apretar la cuerda.

Leonor   ¡Te recoges esta noche
                          tan tarde?

Don Rodrigo   Una diligencia
                          tuve que hacer, fue preciso
                          que me detuviese en ella.

(Sale Pepino y túrbase.)

Pepino   ¿Cómo, Señor, sin decirme...
(Aparte.)   (¡Oh cuerpo de Cristo, buena
                          la habemos hecho!)

Leonor (Aparte.)   (¡Que entrase
                          deste modo! ¡Suerte adversa!)

Don Rodrigo   No os vais, hidalgo, esperad.

Pepino   Yo esperaré más que esperan
(Aparte.)   treinta indios. (Pensé
                          que aquí mi amo estuviera,
                          pensé mal; por tal pensar
                          un pienso como a una bestia
                          me pueden dar.)

Don Rodrigo
(Aparte.)   (¡Ay de mí!
                          Muchas sospechas son estas.)
                          ¿A quién buscáis en mi casa
                          a estas horas?

Pepino (Aparte.)   (¿Qué respuesta

le daré?) Señor, yo busco
a quien vos quisiereis; vea
vuestro gusto la persona
que he de buscar, buscarela,
que yo sabré ser buscón;
en mi vida armé pendencia.

Flora (Aparte.) (El se ha turbado; ahora bien,
(A Leonor.)   Al arma, embustes.) (No temas
señora, que ya yo voy con una valiente
treta.)
Camargo, ¿cómo se ha entrado
hasta acá dentro? ¿Allá fuera
en el corredor no dije
que me esperara? ¡Qué necia
licencia de escuderazo!

Pepino (Aparte.) Vive Dios, que me marea
esta mujer. ¡En mi vida
he visto tal embustera!

Don Rodrigo ¿Luego conoceisle vos?

Flora Y tú también, si te acuerdas,
le conoces: es criado
de doña Aldonza Teresa
de Girón, grande amiga
de mi Señora.

Pepino   Es la mesma
verdad, si he de andar puntual,
la que dice esa doncella;

si no que soy vizcaíno,
y así tengo corta estrella
en hablar, luego me turbo.

Leonor (Aparte.) Dicha será que lo crea.

Don Rodrigo ¿No es bueno, que siempre os quise
reconocer? Cierto era
que en otra parte os había
visto.

Pepino   Sí, Señor, en esta
casa, donde ha un mes que sirvo
a doña Alcuza Perea.
(Aparte.) (¡Vive Cristo que erré el nombre!
El diablo me saque de esta,
por quien es...)

Don Rodrigo   ¿Y a qué venís
tan tarde?

Flora   A una impertinencia;
viene por una jaulilla
que me encargó que la hiciera
su ama, que tengo yo
linda maña para hacerlas,
porque mañana ha de ir
a dar una norabuena,
y quiere llevar el moño
bien puesto.

Pepino (Aparte.)   (La quinta esencia

del enredo es la Florilla.
¡Mal año, como las pega!)

Leonor (Aparte.)   (Lindamente ha sucedido.)

Don Rodrigo   Pues esperad allá fuera,
que luego os despacharán.

Pepino   ¿Oye usted, Señora? Sea
con brevedad, que me faltan
treinta recados, y es fuerza
darlos todos esta noche.

Flora   Ya salgo, tenga paciencia.

Pepino (Aparte.)   (Mamola el viejo; el demonio
en esta trampa no diera.)

(Vase.)

Flora (Aparte.)   (Con lindo arte hemos salido
de este aprieto.)

Don Rodrigo   Leonor, entra
en tu cuarto, que es ya hora
de recogernos.

Leonor (Aparte.)   (Atenta
esperaré a que mi padre
se acueste, porque no pueda
estorbar que hable a don Juan;
que en aquesta diligencia

fundan mi amor y mi gusto
el remedio de mi pena.)

(Vanse Leonor y Flora.)

Don Rodrigo   Ya se entró, ¡válgame Dios!
                     ¡En qué confusa tormenta
                     de recelos mi discurso
                     temiendo naufragios queda!
                     ¿A qué propósito pudo
                     decir Flora ¡grave pena!
                     a Leonor, cuando yo entraba:
                     «Presto, que tu padre llega?»
                     ¿Y este hombre, que tan hallado
                     se entró en mi casa ¡oh severa
                     Fortuna! en su turbación
                     No dio disculpado muestras?
                     ¿Pero en Leonor han perdido
                     la cordura y la modestia
                     decente albergue jamás?
                     ¿No han vivido siempre en ella
                     la atención tan sin estrago
                     y el recato tan sin queja,
                     que desmintieron su edad
                     sus ancianas advertencias?
                     Cierto es, sí; pero es mujer
                     y está su naturaleza
                     tan cercada de peligros,
                     tan pronta a las contingencias
                     de un licencioso desaire,
                     de una profana flaqueza,
                     que el reprimirse es difícil;

y así es justo que la tema
en lo dama bien hallada
y en lo advertida extranjera.
Vive Dios, que he de quietar
o averiguar mis sospechas;
haga, pues, hoy mi cuidado
la diligencia primera.
Registrar toda la casa
será bien, pues aunque sea
vano este escrúpulo, es justo
que mi obligación atienda
aun al menos importante
examen; pase de atenta
al extremo de prolija
mi vigilante cautela.

(Vase.)

(Asómase a la puerta don Félix.)

Don Félix   Parece que ya rendidos
                     a la quietud halagüeña
                     de la noche, yacen todos
                     en la estación más funesta.
                     Pero si no fue ilusión,
                     pasos he sentido cerca
                     desde aquí podré curioso
                     ver quien es sin que me vea.

(Sale don Rodrigo con una luz.)

Don Rodrigo   Estas dos salas me faltan

de mirar; esta primera
está cerrada.

(Tienta la puerta, y en el ruido que ha de hacer un pestillo, parezca
que está cerrada; va a pasar a la otra, llame don Juan por de dentro.)

Don Juan (Dentro.)   ¿Es Leonor?

Don Rodrigo ¡Ay de mí! ¡Terrible pena!

Don Félix ¿Qué escucho? ¡Ah tirana, cómo
fueron mis sospechas ciertas!

Don Juan Abre, mi bien.

Don Rodrigo   ¡Que al combate
de esta desdicha no muera!
No está en la puerta la llave,
abriré con la maestra;
Si, ya abro.

(Sale don Juan, y túrbase.)

Don Juan   ¡Oh Leonor mía!
Mas, ¿qué miro? ¡Suerte fiera!

Don Félix ¡Mortal estoy!

Don Rodrigo   Pues don Juan,
vos con tirana grosera
osadía, os atrevéis

a oscurecer la soberbia
sagrada luz de mi honor?
¿Vos animáis en ofensa
de mi opinión tan indignas
escandalosas violencias?
Pues con más lícitos medios,
con pretensiones más cuerdas,
¿No consiguierais posible
lo que atrevido os despeña?
Vive Dios, que destemplara
lo cuerdo de mi paciencia
del estrago más airado
la venganza más sangrienta,
a no juzgar que estas son
galanterías que empiezan
a ser en fe de marido
anticipadas finezas
en vos. Bien os empeñáis,
no, no, no me descontenta,
que ya, don Juan, lo galán
costosos riesgos os deba.

Don Juan   Nunca, señor don Rodrigo,
me determiné a esta empresa
con intención que ofender
vuestro respeto pudiera;
siempre de vuestro decoro
veneré la conveniencia.

Don Rodrigo   ¿Paréceos, señor don Juan,
que a no creer eso, tuviera
tanta paciencia? Ya sé

que no fue intención siniestra.

Don Juan

Licenciosas travesuras
de quien alcanzar desea
de hijo vuestro humilde nombre,
templado enojo merezcan.

Don Rodrigo
(Aparte.)

(Él está pronto a casarse,
no es bien mostrarle aspereza.)
No sino agradecimientos
de quien es bien que os prevenga
desde hoy caricias de padre
y olvidos de suegro. Sea
confirmación este abrazo
de obligación tan estrecha.

Don Juan

Siempre, Señor, me hallaréis
sujeto a vuestra obediencia.

Don Félix

¡No sé como me reporto
en desdicha tan severa!

Don Rodrigo

Desde ahora es justo que corra
el serviros por mi cuenta,
el no dilatar la boda
bien veréis que será fuerza.
Y así, puesto que ha de ser
esta casa siempre vuestra
(así mi honor aseguro),
desde hoy quiero que lo sea;
lo restante de la noche

habéis de pasar en ella.

Don Juan   No os merece este favor
                quien tanto en él interesa.

Don Rodrigo
(Aparte.)   De esta suerte los estragos
                de esta ruina se remedian.

Don Juan (Aparte.) ¡Quién creyera que este caso
                de mi amor el logro fuera!
                Ya he conseguido esta dicha.

Don Rodrigo
(Aparte.)   (Ya he redimido esta ofensa.)
                Entrad, pues, señor don Juan.

Don Juan   En mi vuestro gusto reina.

(Vanse.)

(Sale don Félix de donde estaba escondido.)

Don Félix   ¡Quedamos buenos, amor!
                Restan más desdichas, restan
                más iras de la fortuna
                contra esta vida, que queda
                ya de la muerte pisando
                la horrible pálida senda?
                Todo el veneno apuré
                que con severa violencia
                incluye en sí el desengaño;

Perdite ya, sin que pueda
animar una esperanza
en tan prolija tormenta.
¡Mal haya quien en lo frágil
de una mujer lisonjera,
de su gusto y de su honor
deposita las riquezas!
Vive Dios, que si esta ingrata
no ve la misma evidencia
del delito, ha de negar
la culpa! Pues porque tenga
imposibles las salidas
en los cargos de esta ofensa
se me ha ofrecido esta traza.
A don Juan en esta pieza
por secreta recataba;
luego es forzoso que vuelva
a querer abrirle; pues
yo me he de ocultar en ella,
porque cuando al agresor
busque de mí agravio vea
al ofendido, que airado,
su aleve pecho condena.

(Escóndese don Félix donde estaba don Juan.)

(Sale Leonor con luz.)

Leonor   Ya parece que mi padre
en mansa quietud sosiega
segura, pues, a don Juan
podré hablar. Llegó a la puerta.

Don Juan, bien podéis salir.
Mas, ¿qué veo? ¡Pena inmensa!

(Sale don Félix.)

Don Félix   Ya salgo, ingrata alevosa
a hacer fúnebres obsequias
a mi esperanza; ya salgo
a ver la correspondencia
de una voluntad, que tuvo
desdichas de verdadera;
ya salgo de mí, Leonor,
mira si quedas contenta.

Leonor   ¡Mi bien! ¡Don Félix! ¡Mi dueño!
Injustamente te quejas
de mi amor, porque a mi amor
debes tan grandes finezas
que el mayor extremo en ti
será corta recompensa,
que aunque este suceso arguye
culpa contra...

Don Félix   Cesa, cesa
de multiplicar agravios,
que ya en mi pecho no hay fuerzas
para poder tolerar
su sediciosa contienda.
De suerte en estos delitos
vas procediendo, que llegan,
más que cuando los cometes
a irritar cuando los niegas.

Leonor   Pues ¿cómo no he de negarlos
                si estoy de ellos tan ajena
                que aun imaginado en mí
                no hay desaire que se atreva?

Don Félix   Digo que tienes razón;
                digo, Leonor, que son ciertas
                de tu afecto las caricias,
                de tu pecho las firmezas.
                Digo que no son verdades
                estos sucesos, que alegan
                evidencias, que son juzgo
                ilusiones de la idea.
                Tú desmientes en lo firme
                tu ser; pero tus finezas
                serán de meditación,
                que solo cuando te elevas
                en éxtasis retirado
                las fías a las potencias.
                No te espantes que las dude
                que al fin, como por las puertas
                de los sentidos jamás
                han salido, es cosa cierta
                que si no las adivino
                no es posible que las crea
                y ya, Leonor, nada importa
                ser falsas o verdaderas.
                Tu padre halló recatado
                a don Juan en esa pieza;
                portose cuerdo, obligole
                ¡qué rigor! a que viniera

en tu casamiento. Vino
en él, concertada queda
para mañana tu boda
y mi muerte... Considera
si esta paga satisface
de mis afectos la deuda.

Leonor   ¿Qué es lo que dices? ¿Mi padre
para darme muerte ordena,
que con don Juan... Y que tú...
aquí enmudece la lengua;
dueño mío.

Don Félix   Basilisco
mío...

Leonor   Oye, porque sepas...

Don Félix   Calla, porque no ocasiones...

Leonor   Que el corazón te venera...

Don Félix   Alguna temeridad
de mi loca inadvertencia.

Leonor   Piadosa, ya que no amante,
te procuran mis ternezas.

Don Félix   Honrado, si no advertido,
te excusaré lisonjera.

Leonor   Mira que...

Don Félix   No hay que mirar.

Leonor   Advierte...

Don Félix   Nada me adviertas.

Leonor   Que soy...

Don Félix   Frágil, ya lo he visto.

Leonor   Constante...

Don Félix   En hacer ofensas.

Leonor   ¿Qué, al fin te vas?

Don Félix   A olvidarte

Leonor   ¿Qué, al fin me dejas?

Don Félix   Es fuerza,
y así en tan grave rigor...

Leonor   Pues en tan fiera tormenta...

Don Félix   Venganza, agravios, venganza.

Leonor   Paciencia, penas, paciencia.

Fin de la segunda jornada

Jornada tercera

75

(Salen Leonor y don Rodrigo.)

Don Rodrigo	¿En agravio de tu honor pronuncias eso? ¿Estás loca? Mira que tu error provoca despeños a mi rigor. Tienes oculto a don Juan en tu cuarto, ¡qué insolencia! ¿Y quieres que mi advertencia no remedie este desmán? Mal con la prudencia mido lo que debo al sentimiento, que es portarme desatento ser tan cuerdo en lo sufrido.
Leonor (Aparte.)	(Obre la sagacidad primero que lo impaciente, que hay desaire en lo aparente, que no es culpa en la verdad.) Que oculté en este aposento a don Juan confesaré, pero siempre afirmaré que fue con lícito intento.
Don Rodrigo	Este lunar que atrevido de mi honor lo hermoso afea, aunque delito no sea, basta haberlo parecido, no viene a ser triunfo honroso

ser solo conmigo honrado,
que si quedo asegurado
queda el vulgo sospechoso.
Si a todos de mi opinión
notorio el desmán avisa,
para su abono es precisa
pública satisfacción.
Remedien decentes modos
lo que tu error deslució,
pues no me aseguro yo
si no satisfago a todos.
Y así, elige, que no espero
que otros medios convendrán
morir mujer de don Juan
o destrozo de un acero.

Leonor   Pues mi libertad rendida
ha de avasallar la palma
porque no peligre el alma
me olvidaré de la vida.
Si de un necio el desvarío
se sufre con gravedad
aun en toda una ciudad,
¿Qué será en un albedrío
donde es tan fácil conquista
a tu antojo la obediencia
quede la primer sentencia
no haya apelar a revista?
En una mujer no creas
tu opinión mayor rigor:
Necio y marido, Señor,
ni aun le admitirá una fea

Y yo en mi cuerdo advertir
que es más grave pena entiendo
un lento morir viviendo
que un arriesgado morir.
Y así, entre uno y otro afán
por menos tormento escojo
ser estrago de tu enojo
que ser mártir con don Juan.

Don Rodrigo   Leonor, el querer vencer
lo sofístico, es en vano;
que des a don Juan la mano
es mi gusto, esto ha de ser.
Esto es ya necesidad,
porque esto en esta opinión
conviene a nuestra opinión
y a nuestra comodidad.
Ten, pues no habrá resistencia
si te aconseja el honor,
Para mañana, Leonor,
prevenida la obediencia.

(Vase.)

Leonor   Libre me dio el albedrío
el cielo, y hoy sin razón
quiere para esta elección
mi padre que no sea mío.
Pues a tu amor he de ser,
don Félix, agradecida,
porque he de perder la vida
o te he de satisfacer.

(Sale Flora.)

Flora   Una mujer, para hablarte,
pide licencia, Señora.

Leonor   ¿Pues quién es no dice, Flora?

Flora   Paréceme en su buen arte,
viendo en paz la crespa lid
de su hermosura y donaire
que es galera de buen aire
de las calles de Madrid.

Leonor   Que entre la di.

Flora   Pues ya voy.

Leonor   ¿Oyes?

Flora   ¿Qué tengo de oír?

Leonor   Flora, mira que hemos de ir
a hablar a don Félix hoy.

(Sale doña Ana con manto.)

Doña Ana   Al puerto de vuestro amparo,
del golfo de sus desgracias
una mujer afligida
viene a procurar bonanza.

Leonor

Dichosa seré si puedo
sosegar esa borrasca,
que en el mar de vuestras penas
algún naufragio amenaza.

Doña Ana

Hoy podréis de mi deseo
animar las esperanzas.

Leonor

Decid, pues, en lo que os sirvo.

Doña Ana

Oíd, que no seré larga:
hermosísima Leonor,
cuyas soberanas gracias
indignamente se estrechan
en los límites de humanas;
Yo nací noble, pues debo
ilustre sangre a la casa
de más blasón y más nombre
que se celebra en España.
Pero tan pobre nací,
que de quien soy olvidada,
por ser conmigo piadosa
fui conmigo misma ingrata.
¡Oh rigurosa pensión,
groseramente tirana,
en quien debe a su valor
obligaciones honradas!
¿Qué le importa a un noble, a quien
la fortuna desampara,
que nazca para ser mucho
si ha de vivir siendo nada?
Festejome en esta corte

don Juan Osorio, el que aguarda
para ser esposo vuestro
solo el plazo de mañana.
Obligome con finezas
venturosas como falsas,
que siempre las dichas sobran
donde los méritos faltan.
Viome, en fin, purpúrea rosa
en la más florida estancia
de mi edad, sin mendigar
los desperdicios del alba.
Y osadamente atrevida
su aleve mano profana
la pompa tiranizó
de que en mi centro triunfaba.
Y después de conseguir
grosera indecente palma
de mis lucidos verdores,
mal contenta y bien pagada,
que aun el hallarse muy dueño
de una dicha, también causa
desprecio lo que debiera
estimar, porque pagara
a la dignidad hermosa
la deuda de desdichada.
Ya advierto que es vanidad
pronunciar yo mi alabanza;
mas, ¿cómo he de creerme fea
viéndome tan desgraciada?
Hoy, pues, Leonor, he sabido
que este alevoso se casa
con vos, aunque vos venís,

más que gustosa, forzada
en la boda, no pudiendo
por vuestro padre excusarla.
Ved, Señora, si el rigor
de una pena tan airada
que bárbaramente rompe
de mi pecho las murallas,
es justo sentir; pues cuando
creí que ya navegaba
con prosperidad mi honor
en el mar de mi esperanza,
se levantan sediciosas
de espuma crespas montañas,
que si no cierto peligro,
gran tempestad amenazan.
No, pues, permitáis, Señora,
que en el piélago anegada
en vano mi nave gima
las iras desta borrasca.
Ocupe feliz el puerto,
restitúyase a la playa,
no me combata el peligro
donde espero la bonanza.
No os caséis con quien tan mal
sus obligaciones paga,
que aun en él se desconocen
correspondencias hidalgas.
Esto os ruego, esto os suplico,
esto os pido como honrada,
como mujer, como noble;
Atended a mis desgracias
con piadosas advertencias,

porque hoy en desdicha tanta
quien viene a vos afligida
vuelva de vos consolada.

Leonor

Suspended esa corriente
de perlas, hermosa dama,
en quien belleza y desdicha,
aunque compiten, se hermanan.
Y esforzad vuestro valor
con seguras confianzas
de que hoy desvaneceré
esa niebla, que profana
lo claro de vuestro honor
yo haré con justa venganza
que si hoy lloráis ofendida
hoy triunféis desagraviada.

Doña Ana

Bien de vuestra sangre noble
hacéis, Señora, bizarra
ostentación.

Leonor

Mi fineza
poco en esto se adelanta,
pues defiendo yo mi gusto
defendiendo vuestra causa.

Doña Ana

Vuestra seré eternamente.

Leonor

Esperadme en esta sala,
que voy a hacer que don Juan
vuestra presencia salga,
porque habéis de ser testigo

de cuán vuestra apasionada
Procedo en esta ocasión.

(Vase.)

Doña Ana
No sé cómo pueda el alma
tanto favor mereceros.
¡Ay, fortuna. si cansada
de perseguirme el rigor
de tus enojos templaras!
Pero aquí viene don Juan,
quiero que me halle tapada
por ver si me desconoce
de la suerte que me habla.

(Sale don Juan, y piensa que es Leonor doña Ana.)

Don Juan
Leonor mía, pero ¿cómo
con manto sales de casa?
¿No respondes? ¿Qué accidente
te enmudece y acobarda?
¿Adónde vas?

Doña Ana
                    Antes vengo

(Descúbrese.)

Don Juan
¡Ay de mí! Fortuna airada
¿Pues cómo...

Doña Ana
                    Vive el cielo,
puesto que con vos no bastan

ni cautelas prevenidas
ni finezas declaradas
para que reverenciéis
de mi decoro las aras
que a la obstinada violencia
de mis...

Don Juan   Advierte, doña Ana...

(Sale Leonor.)

Leonor   Advertid, señor don Juan
que es conmigo la batalla
y que es roja la razón,
prevenid valientes armas.

Don Juan   ¡Fuerte lance!

Leonor   Oídme atento.

Doña Ana   Hoy mi vida se restaura.

Leonor   Yo arriesgo, señor don Juan,
gusto, interés, vida y alma,
advertid vos si estas son
prendas para aventuradas
en ser vuestra esposa... No
parece muy cortesana
la propuesta, pero siendo
ahora tan de importancia
el darme a entender, es justo
que de lo vulgar me valga.

Callen retóricos, que
no he de reparar en galas;
y así, perdonad por Dios,
que tengo de ser muy clara.
es verdad que os llamé anoche
por un papel a mi casa,
que vos vinisteis puntual
que os oculté en esa cuadra
porque mi padre no os viese:
que al fin os vio, fue desgracia;
en estos empeños, quien
oyere estas circunstancias
juzgará que fue amor todo,
pues no fue fineza nada.
Vos hasta ahora ignoráis,
don Juan, la razón, la causa
que a llamaros me obligó:
preciso es ya declararla.
Pero primero os prevengo,
porque vitoriosa salga
de que he menester en vos
ostentaciones bizarras.
Llameos, pues, para deciros,
que aunque con rebelde instancia
mi padre aspiraba a que
nuestra boda se efectuara;
y aunque yo en su ejecución
convenía, era forzada
de sus preceptos, no obrando
con libertad voluntaria;
porque el casarme con vos
era imposible, obligada

mi atención de cierto empeño
que ora mi decencia os calla;
y que así, de aquesta boda
con mi padre os excusarais
vos, porque no pareciera
que nacía el estorbarla
de mi arbitrio; aquesto entonces
rendidamente os rogaba.
Pero no os lo ruego ahora,
porque ya será excusada
diligencia que yo os pida
lo que es preciso que haga
vuestra obligación, don Juan;
no con violencia tirana
ocupe trono un afecto
en el imperio del alma.
Restituid obediencias
a la razón, no postrada
de un ciego antojo al impulso
viva quejosa; a esta dama
debéis su honor; atended
señor, a tan justa causa.
Redimid tan grave empeño,
no olvidéis tan necesaria
correspondencia; esforzaos;
todo lo puede una hidalga
resolución, una heroica
bizarría, una gallarda
nobleza; más pueda en quien
consigue prendas tan altas
las razones que le sobran
que el dinero que le falta.

¡Oh bienes de la fortuna!
¿Qué espera quien os alcanza?
¡Virtud, nobleza, hermosura,
y todas las demás gracias
en una mujer que es pobre,
son dote en moneda falsa!
Bien sé que conseguirá
esta persuasión la palma
en vuestro prudente acuerdo,
y advertid bien, por si os llama
Este afecto, que el casaros
conmigo, aunque interesada
conveniencia lo juzgáis,
don Juan, hoy, quizá mañana,
le costara vuestro honor
alguna grave desgracia.
Consultad vuestra cordura,
que una mujer arrestada
atropella muchas honras
por lograr una venganza.
Dichoso puerto procuran
estas naves, amparadlas;
una piadosa os invoca,
otra advertido os aclama.
Nuestra razón os anime,
vuestro interés os persuada,
para que quietando el golfo
que tormentos amenaza,
ni la una pierda el honor
ni la otra cautive el alma.

(Vase.)

Doña Ana	Yo, ingrato, vil caballero,
	ni con iras ni con ansias
	afectuosas será bien
	declararme apasionada.
	Más conveniente remedio
	para su dolencia el alma
	prevendrá; yo me valdré
	de la acción más acertada,
	entrenando los desaires
	que contra mí se desmandan.
	Yo tendré, en tan fuerte empeño
	animosa y temeraria,
	hoy para el agravio aliento,
	valor para la venganza.

(Vase, y don Juan va tras ella diciendo estos versos, y encuentra
con don Rodrigo.)

Don Juan	Espera, aguarda, no pienses
	que he de casarme, doña Ana,
(Aparte.)	con Leonor. (¡Pero qué miro
	oyome el viejo. ¡Que nada
	me suceda bien!)

Don Rodrigo	¡Oh cielos!
	¿Que esto escuche? ¡Pena airada!
	hablemos, hablemos claro,
	señor don Juan, que pues pasa
	a extremo esta inadvertencia,
	no es justo disimularla.
	Vive Dios, que aunque en mi pecho

tibios ardores mis canas
arguyen, que en mi valor
arden juveniles llamas,
tanto, que para abrasar
a todo el orbe, si osara
de mi honor oscurecer
las antorchas soberanas,
sin costarme gran fatiga
mucho incendio me sobrara.
Si acaso juzgasteis leve
empeño el de la pasada
ocasión, o fuese culpa
o galantería, es falsa
presunción; debaos lo cuerdo
noticias más acertadas,
que en él perdió mi opinión
créditos que no restaura,
si no es dándole la mano
a Leonor; bien informada
queda ya vuestra advertencia,
don Juan, de lo que ignoraba;
y mirad no ocasionéis
en mi alguna destemplanza.
Todo queda prevenido
para que os caséis mañana;
yo me lo negociaré,
que no he de deberos nada.

(Vase.)

Don Juan   Buena esperanza me da
de padre. ¿Hay quien no se asombre?

¿Aun no lo ha sido en el nombre
y es suegro en las obras ya?
¡Cuando juzgué que a Leonor
obligaba mi cuidado,
severa ha desengañado
las finezas de mi amor!
Tanto, que me dio a entender,
¿Quién creyera caso igual?
Que pudiera estarme mal
quererla para mujer.
Yo excusaré el sentimiento
desta prevista dolencia,
curándome en la advertencia
antes que en el escarmiento.
Que quien entra a ser marido
de indicios no asegurado,
o quiere ser desdichado
o puede ser muy sufrido.
Niéguese, pues, a este injusto
afecto mi ciego error,
que aunque me llama el amor,
Primero es la honra que el gusto.

(Vase.)

(Salen don Félix y Pepino.)

Don Félix   Fortuna, siempre mudable,
¿Quién te alcanza permanente?
Si estable eres solamente
en no ser jamás estable.

(Salen por una puerta don Rodrigo; don Juan y doña Ana por
otra.)

Don Rodrigo   Señor don Félix, mirad
                     que tiene que hablar mi acero
                     con vos aparte, escuchad.

Don Félix   No sé que pueda obligaros
                     a mostraros descompuesto
                     conmigo.

Don Rodrigo   El haber sabido,
                     don Juan, el deslucimiento
                     de Leonor y de mi honor.

Don Félix   Oíd, señor don Rodrigo,
                     que si me escucháis atento,
                     quizá podrán mis razones
                     excusar esos extremos.

Don Rodrigo   Primero de mi venganza...

Don Félix   Que luego reñir podremos;
                     lugar habrá para todo;
                     pero escuchadme primero.
                     Siempre Leonor contradijo
                     de don Juan el casamiento
                     por atender cariñosa
                     a mis amorosos ruegos,
                     porque ha seis meses que yo
                     cortésmente la festejo;
                     y aunque ocultó aquella noche

a don Juan en su aposento.
Le llamó para decirle
que a los tratados conciertos
de su boda se excusase.
Aquesto es cierto, y es cierto
también que debe don Juan
pagar con justo respeto
la mayor obligación
hoy a aquesta dama, siendo
su esposo; él, Señor, está
resuelto a casarse; luego
yo también lo estoy a dar
la mano a Leonor, si en esto
venís, que de aqueste daño
ese solo es el remedio;
mirad si vos lo quedáis;
que yo ya estoy satisfecho.
Si de esta suerte os parece
que soy bueno para yerno,
esta es mi mano, y si no
riñamos, que este es mi acero.

Don Rodrigo   Siendo desta suerte todo,
yo soy quien más intereso
en granjearos por esposo
de Leonor, que aunque mi intento
fue casarla con don Juan,
siendo tan grande este empeño,
Primero es la honra que el gusto.

Don Juan   Y yo mi mano te entrego,
cumpliendo mi obligación.

Doña Ana   Aunque esté en duda, la aceto,
                por redimir mi flaqueza.

Pepino   Con lo cual esto está hecho;
                estos señores se casan;
                yo también hago lo mesmo
                con Flora, con que se da
                dichoso fin a este cuento.

                Fin de la comedia

Libros a la carta

A la carta es un servicio especializado para

empresas,

librerías,

bibliotecas,

editoriales

y centros de enseñanza;

y permite confeccionar libros que, por su formato y concepción, sirven a los propósitos más específicos de estas instituciones.

Las empresas nos encargan ediciones personalizadas para marketing editorial o para regalos institucionales. Y los interesados solicitan, a título personal, ediciones antiguas, o no disponibles en el mercado; y las acompañan con notas y comentarios críticos.

Las ediciones tienen como apoyo un libro de estilo con todo tipo de referencias sobre los criterios de tratamiento tipográfico aplicados a nuestros libros que puede ser consultado en Linkgua-ediciones.com.

Linkgua edita por encargo diferentes versiones de una misma obra con distintos tratamientos ortotipográficos (actualizaciones de carácter divulgativo de un clásico, o versiones estrictamente fieles a la edición original de referencia).

Este servicio de ediciones a la carta le permitirá, si usted se dedica a la enseñanza, tener una forma de hacer pública su interpretación de un texto y, sobre una versión digitalizada «base», usted podrá introducir interpretaciones del texto fuente. Es un tópico que los profesores denuncien en clase los desmanes de una edición, o vayan comentando errores de interpretación de un texto y esta es una solución útil a esa necesidad del mundo académico.

Asimismo publicamos de manera sistemática, en un mismo catálogo, tesis doctorales y actas de congresos académicos, que son distribuidas a través de nuestra Web.

El servicio de «Libros a la carta» funciona de dos formas.

1. Tenemos un fondo de libros digitalizados que usted puede personalizar en tiradas de al menos cinco ejemplares. Estas personalizaciones pueden ser de todo tipo: añadir notas de clase para uso de un grupo de estudiantes, introducir logos corporativos para uso con fines de marketing empresarial, etc. etc.

2. Buscamos libros descatalogados de otras editoriales y los reeditamos en tiradas cortas a petición de un cliente.

www.ingramcontent.com/pod-product-compliance
Lightning Source LLC
LaVergne TN
LVHW091725160726
843513LV00002B/13